Kreativ sein!

Peddigrohr

Naturmaterial für modernes Design

Jeannette Eckert-Ulrich

Kreativ sein!

Peddigrohr

Naturmaterial für modernes Design

ENGLISCH VERLAG

Jeannette Eckert-Ulrich ist Ergotherapeutin (Beschäftigungs- und Arbeitstherapie) und seit 1989 als Dozentin an der Medizinischen Fachschule Köthen tätig. An der Berufsfachschule für Ergotherapie am Institut für Weiterbildung in der Kranken- und Altenpflege unterrichtet sie seit 15 Jahren kreatives Werken mit Peddigrohr.

Bibliografische Information der Deutschen Bibliothek
Die Deutsche Bibliothek verzeichnet diese Publikation in der Deutschen Nationalbibliografie; detaillierte bibliografische Daten sind im Internet über http://dnb.ddb.de abrufbar.

© by Englisch Verlag GmbH, Wiesbaden 2007
ISBN: 978-3-8241-1378-1
Alle Rechte vorbehalten. Nachdruck, auch auszugsweise, verboten.
Fotos: Frank Schuppelius; S. 4, Porträt-Foto Jeannette Eckert-Ulrich: Foto-Kaufmann, Köthen
Herstellung: Achim Ferger
Printed in Spain

Das Werk und seine Vorlagen sind urheberrechtlich geschützt, jede Verwertung oder gewerbliche Nutzung der Vorlagen und Abbildungen ist verboten und nur mit ausdrücklicher Genehmigung des Verlages gestattet. Dies gilt insbesondere für die Nutzung, Vervielfältigung und Speicherung in elektronischen Systemen und auf Datenträgern. Es ist deshalb nicht erlaubt, Abbildungen und Bildvorlagen dieses Buches zu scannen, in elektronischen Systemen oder auf Datenträgern zu speichern oder innerhalb dieser zu manipulieren.

Die Ratschläge in diesem Buch sind von der Autorin und dem Verlag sorgfältig erwogen und geprüft, dennoch kann eine Garantie nicht übernommen werden. Eine Haftung der Autorin bzw. des Verlages und seiner Beauftragten für Personen-, Sach- und Vermögensschäden ist ausgeschlossen.

Inhaltsverzeichnis

Einige Gedanken zu Anfang 6

Das Naturmaterial Peddigrohr 8

Das Arbeiten mit Peddigrohr 10
    Werkzeuge 10
    Arbeitsplatz 10
    Holzböden 10
    Anfeuchten 11
    Versiegeln 11

Flechten mit Peddigrohr – leicht gemacht 12
    Arbeiten mit Holzböden 12
    Aufbau und Geflechtarten 14
    Arbeiten mit geflochtenem Boden 17
    Rand 22

Peddigrohr – Mit der Natur verflochten 28
    Baguettekorb * 30
    Kleiner Korb * 32
    Dekokugeln * 34
    Wengefarbene flache Schale ** 36
    Wengefarbene Vase *** 40
    Hocker mit Sitzkissen ** 44
    Tischset ** 46
    Marokkanische Schale ** 48
    Runder Korb mit Ziergeflecht ** 50
    Blattschale ** 52
    Pflanzkorb „Kubus" *** 54
    Papierkorb mit Holzperlen ** 56
    Badutensilo mit Deckel ** 58
    Ovale Schale mit Glasperlen ** 60
    Korb mit Wurzelfuß ** 62

Einige Gedanken

zu Anfang

Veränderungen in atemberaubendem Tempo und ständige technische Neuerungen – das sind die Zeichen unserer Zeit. Was liegt da näher, als sich auf traditionelle Handarbeiten zurück zu besinnen, um dem Geist Ruhe und Halt zu geben? Was bringt uns mehr Erfüllung, als der vorherrschenden Konsummentalität mit dem Anregen der eigenen Kreativität entgegen zu treten?

Mit diesem Buch möchte ich Sie mit dem traditionellen Handwerk des Peddigrohrflechtens vertraut machen und auch Anregungen für moderne und frische Gestaltungsmöglichkeiten geben.

In einem ausführlichen Grundlagenteil werden sowohl für Anfänger als auch für Fortgeschrittene die wichtigsten Techniken anschaulich erläutert. Im Hauptteil des Buches sollen meine Vorschläge Sie inspirieren, auf eine schöpferische Reise zu gehen, sich auszuprobieren und Erfahrungen mit dem Material zu sammeln. Sie werden erleben, wie wunderbar man beim Peddigrohrflechten neue, moderne Trends mit Altbewährtem kombinieren kann – und vor allem, wie schön es ist, das selbst Geschaffene in den Händen zu halten!

In diesem Sinne, gutes Gelingen!
Ihre Jeannette Eckert-Ulrich

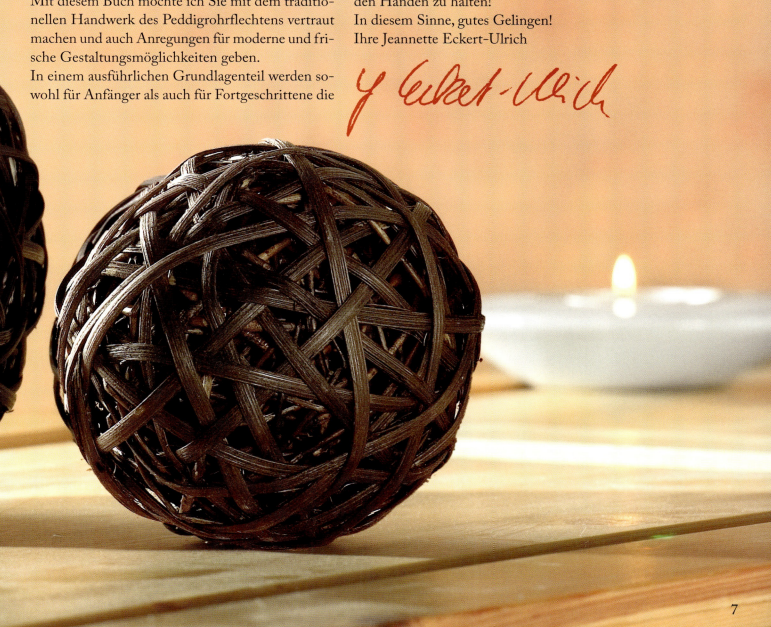

Das Naturmate...

Peddigrohr und andere natürliche Flechtmaterialien werden heute in unglaublicher Vielfalt angeboten und laden zu kreativem Gestalten ein. Ob Sie nun eine kleine Dekokugel, eine Schale, eine Vase oder einen großen Hocker flechten, Ihrer Fantasie im Umgang mit diesem Naturmaterial sind keine Grenzen gesetzt.

Das Peddigrohr, das Sie im Geschäft kaufen können, ist ein bereits bearbeitetes Naturprodukt. Es wird aus der Kletterpalme Calmus Rotang gewonnen, die hauptsächlich in den Tropenwäldern Indiens, Indochinas, Westafrikas und auf dem Malaiischen Archipel vorkommt. Die Stängel der Pflanze schlängeln sich mit bis zu 150 m Länge um Bäume, sind mit Dornen besetzt und erreichen einen Durchmesser von 4–6 cm. Bei der Ernte werden sie in ca. 7 m lange Stücke geteilt, von Dornen befreit und in dicke Bündel zusammengefasst. Die Weiterverarbeitung erfolgt maschinell: Aus der äußeren Hülle werden halbrunde, an der Oberfläche glänzende **Peddigschienen** hergestellt, die zusätzlich imprägniert auch als Stuhlrohr zum Einsatz kommen. Sie sind äußerst stabil und haltbar. Der innere Teil (Mark) wird in rundes und ovales Peddigrohr gespalten und als Flecht- und Stakenmaterial verwendet.

Peddigrohr ist heute ohne Probleme in den meisten größeren Hobbyfachgeschäften erhältlich, meist in 125 g-, 250 g- oder 500 g-Bündeln. Hier bekommen Sie vor allem naturhelles Rohr in der so genannten Rotbandqualität (Standard), aber auch geräuchertes oder gefärbtes Rohr.
Peddigrohr gibt es in verschiedenen **Qualitäten und Stärken**. **Rotband** ist die Standardqualität (Schnitt, Farbe und Haltbarkeit gut). Bei **Blauband** handelt es sich um die höchste Qualität (Schnitt glatt und sauber, Farbe gleichmäßig, Haltbarkeit sehr gut). Außerdem unterscheidet man das Material nach seiner Verwendung:
Das **Fadenrohr (Flechtrohr)** wird in naturhell (Rot- und Blauband), gebleicht und antik-geräuchert angeboten. Flechtrohr ist in folgenden Stärken erhältlich: 1 mm, 1,2 mm, 1,4 mm usw. bis 3 mm; hauptsächlich verwendet werden die Stärken 1,6–2,2 mm.
Gebleichtes Rohr ist meist etwas preiswerter, hat aber eine geringere Stabilität und eignet sich deshalb nur für Zierarbeiten, nie für ganze Geflechte. Sehr schön sieht das **geräucherte Rohr** aus, gerade im Zusammenspiel mit naturhellem Rohr. Es kann in der Verarbeitung aber etwas spröder sein.
Die **Peddigstaken**, die das „Grundgerüst" für das Flechten bilden, gibt es in Naturhell (Rot- und Blauband) und antik-geräuchert in den Stärken 3 mm, 3,25 mm, 3,5 mm, 3,75 mm bis 4,5 mm, wobei 3 mm und 3,5 mm am häufigsten verwendet werden. Beim Flechten mit Kindern können Sie für kleinere Arbeiten auch Flechtrohr (ca. 2–2,5 mm) für Staken verwenden, da Stärken über 3,5 mm bereits sehr kraftintensiv in der Verarbeitung sind.
Größere Durchmesser, z.B. 5–20 mm, werden als **Stangenpeddig** bezeichnet und kommen als Innenleben für Henkel oder Verstärkungen zum Einsatz.

rial Peddigrohr

Für eine größere Farbpalette können Sie das Peddigrohr auch **selbst färben**.
1. Weichen Sie das Rohr in heißem Wasser 15 Minuten lang ein.
2. Bereiten Sie wasserlösliche Stofffarbe nach Anleitung vor oder geben Sie dampffixierbare Seidenmalfarbe in einen Topf mit Wasser und köcheln Sie das Rohr für 15–20 Minuten.
3. Spülen Sie es 30 Minuten lang in kaltem Wasser nach.
4. Lassen Sie es trocknen.

Auch die Arbeit mit **alternativen Flechtmaterialien** kann sehr reizvoll sein. Hier bietet sich z. B. **Stuhlflechtrohr** an. Dieses aus der Oberschicht der Rotangpalme gewonnene flache und glänzende Flechtrohr wird zum Ausflechten von Stuhllehnen und Sitzflächen sowie für bestimmte Ziergeflechte verwendet. Es wird in Breiten von 1–3 mm in Bündeln mit 125, 250 und 500 Gramm angeboten.
Flechtbinsen verwendet man für Stuhlsitze und andere mattenähnliche Geflechte. Sie sind relativ weich und von grünlicher bis gelber Farbe. Der Binsenhalm ist am unteren Ende stärker als oben und ca. 1,5 m lang.
Seegrasschnur (Ehla) ist eine gedrehte Grasschnur, die sich für Sitze, Lampen, Taschen und Ähnliches eignet. Sie ist flexibel und muss daher nicht eingeweicht werden. Der übliche Durchmesser beträgt ca. 3–4 mm.
Papierkordel ist ein in sich gedrehtes Papierband in verschiedenen Farben. Gebräuchlich sind Stärken von 2–6 mm Durchmesser. Sie ist so flexibel, dass sie vor dem Flechten nicht eingeweicht werden muss.

Sie eignet sich für Dekorationen oder ganze Geflechte. Da sie nicht wasserfest ist, empfiehlt sich ein Überzug mit Acryllack, um das Geflecht vor Feuchtigkeit zu schützen.

Bei der Aufbewahrung von Peddigrohr ist nur wenig zu beachten: Für die spätere Verarbeitung ist es am besten, die handelsüblichen Bündel zu öffnen und entweder aufzuhängen oder in langen Röhren waagerecht an einem trockenen Ort zu lagern. Bewährt hat sich ein Gestell aus Regen- oder Abwasserrohren, die waagerecht an der Wand montiert werden. So ist das Rohr vor Staub geschützt, lang gelegt und kann nach Stärken sortiert werden.

Das Arbeiten mit Peddigrohr

WERKZEUGE

Die Werkzeugausstattung ist nicht sehr aufwändig und wahrscheinlich ohnehin schon in Ihrem Haushalt vorhanden, denn die meisten Spezialwerkzeuge für die Korbmacherei lassen sich durch gängige Haushaltsgegenstände ersetzen.

zum Flechten:

- Ahle oder Pfriemen zum Vorstechen an Engstellen (ersatzweise können Sie eine starke Stricknadel oder einen dicken rostfreien Nagel mit Griffverstärkung benutzen)
- Gewicht zum Beschweren der Flechtarbeit, beispielsweise Pflasterstein, Hantelscheibe oder Ähnliches
- Korbmacher- oder Gartenschere, eventuell auch einen Seitenschneider
- Wassergefäß zum Einweichen des Rohrs, beispielsweise einen alten Waschzuber, einen Wassereimer oder eine Kinderwanne
- Korbmachermesser zum Ansetzen und Verputzen des Flechtmaterials, ersatzweise ein scharfes Küchen- oder Hobbymesser
- Pflanzensprüher zum Zwischenbefeuchten des Werkstücks

zum Versiegeln:

- farbloser Hydro-Möbellack zum Versiegeln der fertigen Arbeiten. Der von mir verwendete Lack ist lebensmittelecht und umweltfreundlich; alternativ kann auch farbloser Matt- oder Klarlack verwendet werden. Den Lack trägt man mit einem Pinsel auf.

ARBEITSPLATZ

Für das Flechten mit Peddigrohr benötigen Sie ausreichend Platz und sollten den Arbeitstisch mit einem Wachstuch abdecken, da dieser durch die ständige Feuchtigkeit Schaden nehmen kann. Tisch- und Stuhlhöhe sollten aufeinander abgestimmt sein, um Verspannungen im Schulterbereich zu vermeiden.

Für das Arbeiten mit geflochtenen Böden verwenden Sie am besten ein Backbrett aus Holz. Durch die abgewinkelte Seite können Sie das Brett leicht nach hinten abfallend auf den Tisch legen und Ihre Arbeit mittig mit einem rostfreien Nagel befestigen. So lässt sie sich schön gleichmäßig drehen.

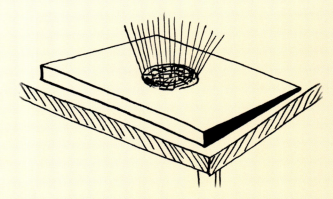

HOLZBÖDEN

Bei größeren oder sehr flachen Peddigrohrarbeiten, die außerdem eine gewisse Stabilität aufweisen sollen, empfiehlt es sich, den Boden nicht zu flechten, sondern einen Boden aus Holz oder Kunststoff einzuarbeiten. Solche Holzböden sind vorgefertigt im

Hobbyfachhandel erhältlich. Bei besonderen Maßen ist es jedoch sinnvoll, die Böden selbst herzustellen.

Das brauchen Sie:
- Sperrholz oder massives Holz, 4–6 mm stark
- Laubsäge mit Stützbrettchen
- Akku-Bohrer
- Bleistift und Zirkel
- Schleifpapier
- Möbellack und Pinsel

So gelingt's:

Zeichnen Sie die Grundform des Bodens auf die Holzplatte (bei runden Formen verwenden Sie einen Zirkel), und sägen Sie die Form mit einer Laubsäge aus. Zeichnen Sie nun die Löcher für die Staken in einem Abstand von ca. 5–7 mm vom Rand ein, der Abstand von Loch zu Loch beträgt ca. 15–20 mm. Für Anfänger sollte die Lochanzahl ungerade sein! Stechen Sie mit einer Ahle oder einem Nagel die Löcher vor. Die nun folgende Bohrung sollte 0,25–0,5 mm größer sein als die Stakendicke. Dann wird der Boden mit feinem Schleifpapier bearbeitet, besonders im Bereich der Löcher, und vor der Weiterverarbeitung mit Hydro-Möbellack versiegelt, um ihn wasserabweisend zu machen.

ANFEUCHTEN

Peddigrohr besitzt eine natürliche Geschmeidigkeit, die aber zum Flechten nicht ausreicht. Deshalb muss es vor der Verarbeitung 10–15 Minuten lang in warmem Wasser eingeweicht werden. Dazu werden die einzelnen Peddigfäden zu kleinen Ringen geschlungen und im Wasser mit einem Gewicht beschwert, damit sie nicht aufschwimmen. Achten Sie darauf, dass Sie nach Arbeitsende noch nicht verarbeitetes Rohr aus dem Wasser nehmen. Es verliert sonst seine Geschmeidigkeit und wird grau. Die Staken werden in der Regel nur an den Enden eingeweicht. Zum Anfeuchten zwischendurch sprühen Sie mit einem Pflanzenbefeuchter auf die betreffenden Stellen.

VERSIEGELN

Es empfiehlt sich, mit einem Pinsel alle fertigen, gut getrockneten Peddigrohrarbeiten mit Hydro-Möbellack oder einem ähnlichen farblosen Lack zu behandeln, um sie vor Schmutz und Feuchtigkeit zu schützen. In der Regel reicht ein einmaliger Auftrag aus. Der unverdünnte Lack ist glänzend, für einen seidenmatten Glanz verdünnen Sie den Lack mit Wasser im Verhältnis 2:1.

SIE SCHAFFEN DAS!

*   recht einfach, für Anfänger geeignet
**   mit etwas Übung gut machbar
***   schon schwieriger, aber: Trauen Sie sich!

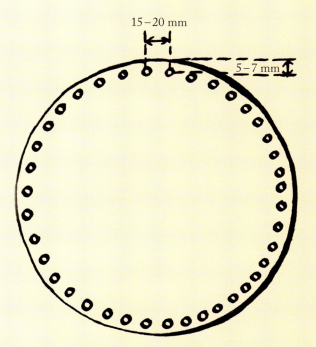

Für das Flechten mit Peddigrohr benötigen Sie nur wenige Werkzeuge und Hilfsmittel.

Flechten mit Peddigrohr – leicht gemacht

ARBEITEN MIT HOLZBÖDEN

Verwenden Sie einen fertigen Boden oder stellen Sie einen Boden selbst her, wie weiter vorn geschildert. Anschließend stecken Sie die vorbereiteten Staken mit dem feuchten Ende von oben nach unten durch den Holzboden und wenden die Arbeit. Die Bodenunterseite schaut beim Flechten des Fußes nach oben. Nun gibt es verschiedene Möglichkeiten, wie Sie weiter vorgehen können:

Fuß in einfacher Flechtart

Arbeitsrhythmus: vor eins, hinter eins

Für diesen Fuß werden die Staken etwa 5–7 cm überstehend durch die vorgebohrten Löcher der Bodenplatte gesteckt. Dann werden die Staken von links nach rechts miteinander verflochten. Dabei wird eine Stake vor die nächste und hinter die übernächste gelegt.

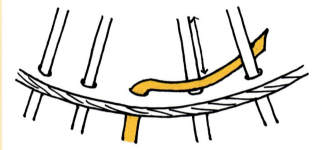

Eine Stake wird vor die nächste und hinter die übernächste gelegt.

Die umgelegten Staken werden jeweils von den Staken des nächsten Schrittes fixiert.

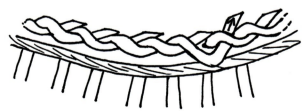

Als Abschluss des Fußes wird die letzte Stake unter die umgelegte erste Stake geschoben.

Fuß im Dreiergeflecht (Kimme)

Arbeitsrhythmus: vor zwei, hinter eins

Das Vorgehen bei einem Fuß im Dreiergeflecht entspricht dem des Fußes in einfacher Flechtart, nur dass eine Stake vor gleich zwei Staken und dann erst hinter eine dritte Stake gelegt wird. Bei diese Technik sollten die Staken für den Fuß etwa 7–10 cm überstehen.

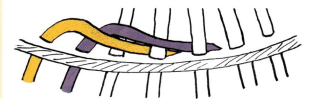

Eine Stake wird vor zwei Staken und hinter eine dritte Stake gelegt.

Als Abschluss werden die letzten beiden Staken jeweils unter die ersten beiden Staken geschoben.

Fuß mit verdecktem Holzrand

Arbeitsrhythmus: von oben über Holzrand außen, nach unten, hinter eins

Dieser Fuß ist schon etwas komplizierter, doch bietet er den Vorteil, dass die Bodenplatte von außen nicht mehr sichtbar ist. Dafür sollten die Staken 7–10 cm überstehen. Man legt die Stake von oben nach schräg unten über den Bodenrand und den unteren Teil der nächsten Stake und schließlich hinter die übernächste.

Die Stake wird über den Bodenrand nach unten gebogen, über die nächste und hinter die übernächste Stake gelegt.

Je nach Stärke des Peddigrohrs und Dicke des Holzbodens empfiehlt es sich manchmal, die Stake nicht gerade über den Rand nach unten zu führen, sondern schräg über 3–5 Staken nach oben hinter eins zu gehen.

Als Abschluss wird die letzte Stake unter der Bodenplatte zwischen die erste und die zweite Stake gesteckt.

Arbeiten mit Holzböden

Aufbau und Geflechtarten

Sie haben jetzt den Fuß gearbeitet und können nun mit dem Aufbau der Korbwand beginnen. Vorher aber noch einige Hinweise:

1. Im Allgemeinen werden Fuß, Korbwand und Randabschluss aus einer Stake gearbeitet. Die Staken sollten also lang genug sein. Meist rechne ich ca. 7 cm Sicherheitsreserve ein. In den beschriebenen Arbeitsbeispielen mit Maßangaben ist dieser Abstand bereits eingerechnet.
2. Bricht eine Stake beim Arbeiten ab, stecken Sie eine angespitzte Ersatzstake direkt daneben ein. Erst jetzt wird die gebrochene Stake abgeschnitten.
3. Manchmal hat man eine so genannte „lahme" Stake, die zu weich ist und die Form nicht mehr hält. Stecken Sie einfach eine Stricknadel neben die Stake und flechten Sie so weiter, als ob Nadel und Stake eins sind. Später wird die Stricknadel entfernt. Bei einem geschwungenen Aufbau ist dies allerdings nicht möglich. Hier behandeln Sie die „lahme Stake" wie eine gebrochene und tauschen sie aus.
4. Nach dem Einstechen der Staken und dem Flechten des Fußes haben die Staken manchmal eine leicht schräge oder nach innen gehende Richtung. Biegen Sie deshalb die Staken am Ansatz in Form, solange sie noch feucht sind.

Bei allen folgenden Beschreibungen und Arbeitsbildern zum Arbeitsrhythmus gehen Sie bitte davon aus, dass Sie vor der Arbeit sitzen.

Einergeflecht

Arbeitsrhythmus: vor eins, hinter eins

Bei diesem Einergeflecht ist eine ungerade Stakenzahl erforderlich, um das Verkreuzen der Fäden in den folgenden Runden zu gewährleisten.
Eine andere Art dieses Geflechts ist das **Flechten mit Doppelfaden**. Es wird genauso ausgeführt, nur benutzt man zwei Fäden gleichzeitig.

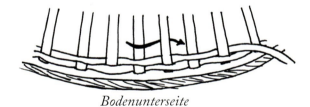

Bodenunterseite

Einergeflecht mit einem Faden. Arbeitsrhythmus: vor eins, hinter eins.

Eine andere Variante ist das **Einergeflecht mit aufeinander folgenden Fäden**, das bei gerader Stakenzahl angewendet wird. Hier wird mit zwei Fäden um eine Stake versetzt begonnen. Sie arbeiten mit einem Faden vor eins, hinter eins eine gewisse Strecke (ca. 5–6 Staken), dann folgt der zweite Faden in gleicher Weise. Wichtig ist, dass er dem ersten Faden immer „hinterher hinkt". Das Aussehen beider Einergeflechte ist identisch.

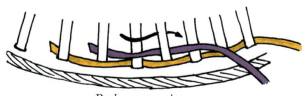

Bodenunterseite

Einergeflecht mit aufeinander folgenden Fäden. Arbeitsrhythmus: vor eins, hinter eins; versetzt mit zwei Fäden.

Zweiergeflecht (zwei gekreuzte Flechtfäden)

Arbeitsrhythmus: vor eins, hinter eins

Legen Sie zwei Flechtfäden in zwei Stakenzwischenräume von innen nach außen. Nun flechten Sie mit dem linken Faden beginnend vor der Stake entlang hinter die nächste nach vorn. Dies wird mit dem zweiten Faden wiederholt.

Durch das Wechseln des Flechtfadens nach jeder Stake entsteht ein gekreuztes Geflecht. Dies ist ein häufiges Geflecht für die Korbwand. Um am Anfang einer Arbeit die Staken in die gewünschte Lage zu bringen, eignet es sich besser als das Einergeflecht, weil es die Staken gleichzeitig vorn und hinten umwindet.

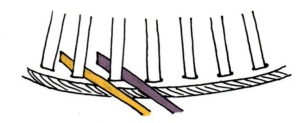

Zwei Fäden werden von innen nach außen in zwei Stakenzwischenräume gelegt.

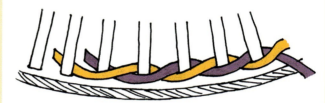

Nach jeder Stake wird der Flechtfaden gewechselt, wodurch ein gekreuztes Geflecht entsteht.

Dreiergeflecht

Arbeitsrhythmus: vor zwei, hinter eins

Legen Sie von innen nach außen drei Flechtfäden in drei Stakenzwischenräume. Beginnen Sie mit dem Faden links, und führen Sie ihn vor zwei Staken hinter der nächsten hindurch wieder nach vorn. Jetzt folgt der nun am weitesten links liegende Faden im selben Rhythmus. So arbeiten Sie dann fortlaufend.

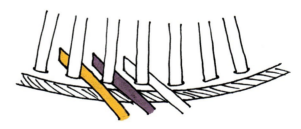

Drei Fäden werden von innen nach außen in drei Stakenzwischenräume gelegt.

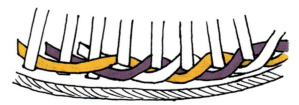

Der Faden wird vor zwei Staken, hinter der dritten entlang und dann wieder nach vorn geführt. Danach ist jeweils der am weitesten links liegende Faden an der Reihe.

Aufbau und Geflechtarten

Flechten mit Peddigrohr – leicht gemacht

Entgegengesetztes Dreiergeflecht (Kimme)

Arbeitsrhythmus: vor zwei, hinter eins

Diese Flechtart wird im gleichen Rhythmus geflochten wie das Dreiergeflecht, allerdings gehen Sie hier unter zwei Flechtfäden entlang, anstatt über zwei Flechtfäden hinweg zu arbeiten.

Das Dreiergeflecht kann man auch zu einem Vierer- und sogar Fünfergeflecht variieren. Diese arbeitet man fast identisch, nur dass man hier über vier beziehungsweise fünf Staken und hinter eine Stake geht.

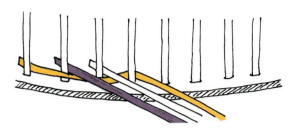

Der erste Faden wird unter dem zweiten und dritten entlang geführt, hinter die dritte Stake gelegt und wieder nach vorn geführt.

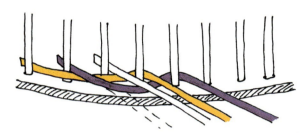

Den gleichen Vorgang führt man mit dem zweiten Faden aus, und geht dann immer weiter so vor.

Ansetzen von Flechtfäden

Das Flechtrohr ist 2–4 m lang. Sie kommen also nicht umhin, neue Fäden anzusetzen. Hier gibt es verschiedene Möglichkeiten:

1. **Kreuzen:** Das Kreuzen erfolgt meist auf der Innenseite. Nur bei sehr flachen Körben ist es günstiger, außen zu kreuzen. Führen Sie den neuen Flechtfaden im nächsten Zwischenraum nach außen. Nach Abschluss der Arbeit werden die Enden nicht zu kurz abgeschnitten.
2. **Nebeneinander legen:** Hier steht später ein Ende nach innen und ein Ende nach außen. Der neue Faden wird zwischen das Ende des alten Fadens und die letzte Stake geschoben. Nach Abschluss der Arbeit können die Enden kurz geschnitten werden und fallen später kaum auf.
3. **Schließen der Kimme:** Beim Dreiergeflecht müssen die Fäden (Kimme/Dreierring) nach einem Umgang genau dort enden, wo sie begonnen haben. Führen Sie das nächste Fadenende unter der Verkreuzung neben den Anfang dieses Fadens. Verfahren Sie auch beim letzten Fadenende so.

Der neue Faden wird auf der Innenseite mit dem alten gekreuzt.

Alter und neuer Faden werden nebeneinander gelegt, sodass ein Ende nach außen ragt.

Bei einem Dreiergeflecht müssen alle drei Fäden dort enden, wo sie begonnen haben. Der jeweils neue Faden wird neben das Ende des alten gelegt.

Aufarbeiten und Überhöhen

Wollen Sie einen Korb asymmetrisch arbeiten, oder soll eine Seite höher sein als die andere, ist ein Überhöhen der Arbeit notwendig. Hierzu wird der Flechtfaden in hin- und hergehenden Reihen so geflochten, dass er bei jeder Reihe auf beiden Seiten um eine, maximal zwei Staken zurückgeht, damit keine Löcher entstehen.

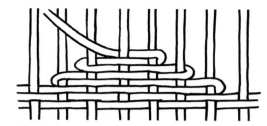

Der Flechtfaden wird hin und her geflochten, um vom Runden abweichende Formen zu erreichen.

ARBEITEN MIT GEFLOCHTENEM BODEN

Körbe mit geflochtenem Boden sollten Sie erst wagen, wenn Sie schon einige Stücke mit Holzboden gearbeitet haben. Denken Sie daran, Staken und Flechtrohr zuvor 5 Minuten lang einzuweichen!

Der Boden

Der Boden wird aus einem so genannten Bodenkreuz gebildet, d. h. die gewünschte Stakenzahl wird kreuzweise übereinander gelegt. Bei dünnen Staken reicht ein Übereinanderlegen aus, bei stärkeren Staken (ab 3 mm Ø) wird die Hälfte der Staken mit einem Skalpell oder Messer in der Mitte längs geschlitzt und die andere Hälfte der Staken durch diese Schlitze geschoben. Hier setzen Sie zusätzlich eine halbe Stake neben die durchgesteckte Stakengruppe. Dadurch erhalten Sie die ungerade Stakenzahl für das Einergeflecht. Für die ersten engen Flechtrunden können Sie Naturbast oder dünnes Flechtrohr (1 mm Ø) verwenden.

Runder Boden mit ungerader Stakenzahl

Bilden Sie, wie oben beschrieben, das Bodenkreuz. Jetzt schieben Sie eine halbe Stake zusätzlich in den Schlitz (z.B. 8 Staken je 20 cm lang und 1 Stake 10 cm lang). Halten Sie nun das Bodenkreuz mit der ungeraden Stake oben in der Hand, nehmen Sie einen Bastfaden (ca. 1 m lang), und schlingen Sie ihn um das obere Stakenbündel. Ein Bastende sollte ca. 20 cm, das andere 80 cm lang sein. Schlingen Sie die Bastenden so um die Stakenbündel, dass sie jeweils vorn und hinten entlang laufen und sich in den Zwischenräumen verkreuzen, ähnlich wie beim Zweiergeflecht.

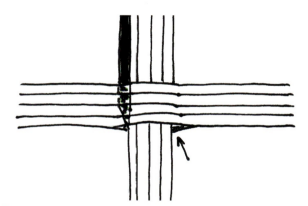

Die gewünschte Stakenzahl wird kreuzweise übereinander gelegt oder die Hälfte der Staken wird durch die mit einem Skalpell geschlitzte andere Hälfte geschoben

Beim Flechten schlingen Sie einen Bastfaden oder ein dünnes Flechtrohr so um die Stakenbündel, dass sie sich ähnlich wie beim Zweiergeflecht in den Zwischenräumen verkreuzen.

Flechten mit Peddigrohr – leicht gemacht

Nach zwei Umrundungen wird nur das lange Ende im Einergeflecht weitergeführt. Für zwei Runden biegen Sie die Staken in Zweiergruppen (vor zwei, hinter zwei), wobei die neunte Stake als einzelne Stake geflochten wird. Für den Rest des Bodens wird dann jede einzelne Stake umflochten. Ist der Bastfaden vom Anfang aufgebraucht, nehmen Sie das übliche Flechtrohr bis zur gewünschten Größe.

Achtung!
Sehr wichtig ist es, den Faden beim Flechten immer zur Mitte zu ziehen und nochmals mit den Fingern nachzudrücken, um ein lückenloses Bodengeflecht zu erhalten. Außerdem müssen die Staken ständig gerade ausgerichtet werden, sonst bekommt man einen „Kippelboden".

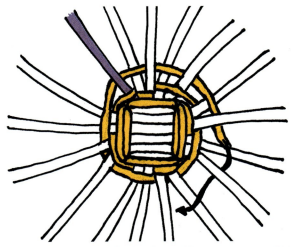

Nach dem Aufbiegen der Staken in Zweiergruppen flechten Sie nach zwei Runden im Einergeflecht vor eine Stake, hinter eine Stake bis zur gewünschten Bodengröße

Runder Boden mit gerader Stakenzahl
Bereiten Sie das Bodenkreuz wie oben geschildert vor und beginnen ebenso mit dem Bastfaden. Allerdings sollten beide Bastenden etwa gleich lang sein. Nach den ersten zwei Bastreihen arbeiten Sie im Zweiergeflecht um jede einzelne Stake weiter. Sie sollten bis zu einem Durchmesser von ca. 3 cm mit Bast arbeiten, dann können Sie Flechtrohr verwenden. Achten Sie dabei auf den gleichmäßigen Stand der Staken.

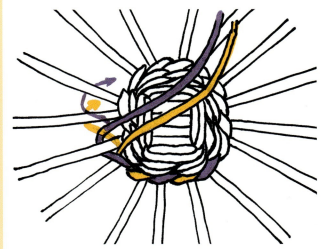

Bereiten Sie den Boden wie oben geschildert vor. Nach den ersten beiden Runden arbeiten Sie im Zweiergeflecht um jede einzelne Stake weiter.

Runder Boden mit durchbrochenem Bodenkreuz

Schneiden Sie vier Stakenpaare zu, von denen Sie zwei Gruppen schlitzen, also beispielsweise 4 x 4 Staken, davon 2 x 4 Staken geschlitzt. Diese werden zu einem Bodenkreuz verbunden.

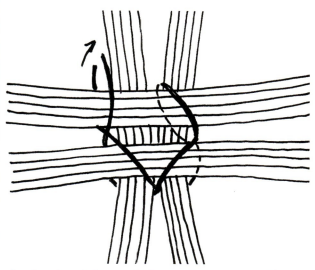

Aus 2 x 4 geschlitzten Staken und 2 x 4 ungeschlitzten Staken wird das durchbrochene Bodenkreuz gebildet.

Hier können Sie zum Flechten gleich Flechtrohr benutzen. Sie arbeiten im Zweiergeflecht vier bis fünf Runden über die ganze Stakengruppe, dann zwei Runden um Zweiergruppen und zum Ende um Einzelstaken.

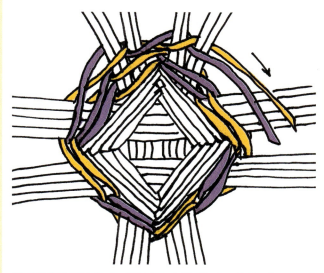

Zunächst wird um die ganze Stakengruppe, dann um Zweiergruppen und schließlich um einzelne Staken geflochten.

Ovaler Boden

Das Bodenkreuz eines ovalen Bodens weicht etwas vom runden Boden ab. Hier haben Sie lange und kurze Staken (Längs- und Querstaken). Die Anzahl, insbesondere der Querstaken, hängt von der Länge des Bodens ab. Sie sollten alle 2–3 cm eine Stake setzen. Schlitzen Sie die zugeschnittenen Querstaken, und schieben Sie die Längsstaken ein.

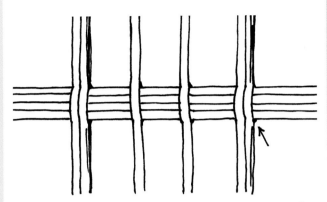

Die Querstaken werden geschlitzt und die Längsstaken hindurch gesteckt.

Sie erhalten eine gerade Stakenzahl und arbeiten deshalb im Einergeflecht mit aufeinander folgenden Fäden um die unveränderte Aufteilung. Nach zwei Runden können Sie im Zweiergeflecht weiterarbeiten und dabei die Längsstaken in Zweiergruppen und Einzelstaken aufteilen.
Möchten Sie im Einergeflecht mit aufeinander folgenden Fäden weiterarbeiten, ist es trotzdem ratsam, die Kurven im Zweiergeflecht zu überbrücken. Arbeiten Sie bis zur gewünschten Größe.

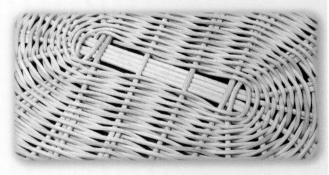

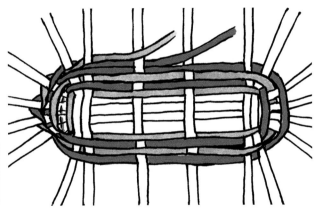

Beginnen Sie im Einergeflecht mit aufeinander folgenden Fäden zu flechten, und wechseln Sie nach zwei Runden in das Zweiergeflecht. Die Längsstaken werden jetzt einzeln umflochten.

Einsetzen von Zusatzstaken

Im Allgemeinen wird der Boden extra geflochten und für den Aufbau werden neue Staken eingesetzt. Dieses Verfahren soll nachfolgend beschrieben werden. Es besteht auch die Möglichkeit, die Bodenstaken durch Hochbiegen gleich für den Aufbau zu benutzen. Das kann ich aber nur bei kleineren Stücken empfehlen, da die Anzahl der Aufbaustaken sonst zu gering ist und das Geflecht instabil wird. Außerdem würden die extrem langen Staken beim Bodenflechten stören. Ich setze also Zusatzstaken neben die Bodenstaken ein. Die Länge dieser Staken richtet sich nach Korbhöhe und Zuschlag für den Rand. Schieben Sie die etwas angespitzten Staken möglichst tief in das Bodengeflecht. Sie können mit der Ahle etwas vorbohren. Schneiden Sie die noch vorstehenden Bodenstaken bündig ab, biegen die Zusatzstaken vorsichtig nach oben und arbeiten die Kimme (siehe „Geflechtarten", S. 14 ff). Brauchen Sie eine starke Kimme, damit der Korb beispielsweise besonders fest steht, können Sie statt Flechtfaden (2 mm Ø) auch Stakenmaterial (3 mm Ø) für die Kimme benutzen. Generell sollte aber der Flechtfaden mindestens 0,8–1 mm dünner als das Stakenmaterial sein.

Arbeiten mit geflochtenem Boden

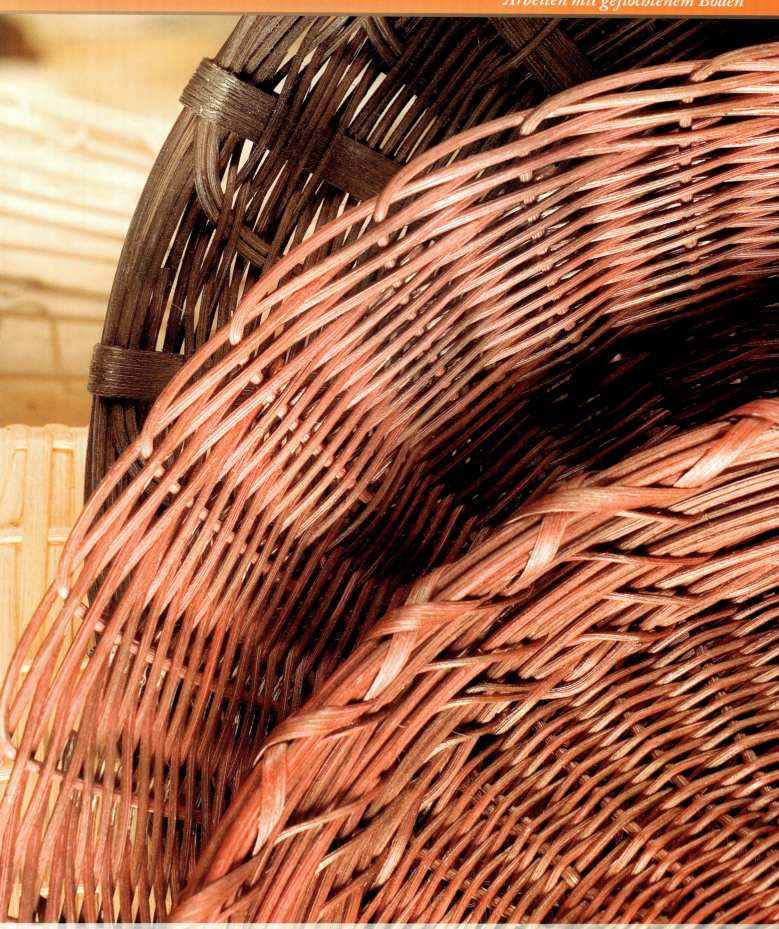

Flechten mit Peddigrohr – leicht gemacht

RAND

Der Rand wird meist aus den Staken der Korbwand gearbeitet. In einzelnen Fällen können Sie auch neue Staken für den Rand verwenden, die Sie dann neben die Wandstaken stecken. Dies ist zweckmäßig, wenn Sie z.B. einen andersfarbigen Rand arbeiten möchten oder Sie die Wandstaken zu kurz berechnet haben und diese für den Rand nicht ausreichen.

Wichtig!
Weichen Sie die Staken, bevor Sie beginnen, den Abschluss zu flechten, noch einmal gut ein. Passiert es doch einmal, dass eine Stake beim Randflechten abbricht, tauschen Sie diese einfach aus (siehe Kapitel „Aufbau und Geflechtarten", Seite 14).

Randabschluss mit einfachen Bögen

erforderliche Stakenlänge: je nach Bogenhöhe 10–15 cm

Schneiden Sie die Staken schräg auf die gewünschte Höhe, und stecken Sie sie möglichst tief neben die nächste Stake in die Korbwand.

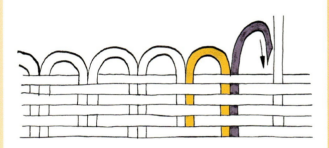

Die Staken werden jeweils neben die nächste Stake gesteckt.

Randabschluss mit kreuzenden Bögen

erforderliche Stakenlänge: je nach Bogenhöhe 15–20 cm

Gehen Sie genauso wie beim Randabschluss mit einfachen Bögen vor. Hier schieben Sie jedoch die Stake nicht neben die nächste, sondern neben die übernächste Stake. Arbeiten Sie dabei gleichmäßig entweder immer hinter oder immer vor die nächste Stake.

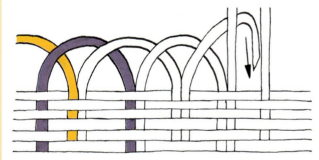

Die Staken werden jeweils neben die übernächste Stake gesteckt.

Überdeckter Randabschluss

erforderliche Stakenlänge: ca. 15 cm

Die Staken werden schräg nach rechts laufend über 3, 5 oder 7 Zwischenräume hinweg im Rhythmus hinter eins, vor eins geflochten. Die Anfangsbögen sollten genug Platz für den Schluss lassen. Die Staken enden immer innen. Dieser Randabschluss ist besonders für Körbe mit Deckel geeignet, da er sehr schmal ist.

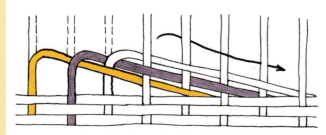

Die Staken werden über 3 Zwischenräume im Rhythmus hinter eins vor eins geflochten und dann nach innen gelegt.

Einfacher Randabschluss (flacher Rand)

erforderliche Stakenlänge: ca. 20 cm

Biegen Sie die Staken nacheinander nach rechts hinter eins, und legen Sie sie nach vorn ab. Am Ende der Runde wird die letzte unter der ersten Stake durchgebogen.

Die Staken werden hinter eins und dann nach vorn (außen) gelegt.

Nun werden die außen liegenden Staken wie folgt nach innen gesteckt: Stake 1 wird über Stake 2, aber unter Stake 3 nach innen gesteckt und festgezogen. Zum Schluss werden die Enden innen verschnitten.

Nun werden die Staken von außen über die nächste Stake geführt und unter der dritten Stake entlang nach innen gesteckt.

Dreierzuschlag

erforderliche Stakenlänge: ca. 25 cm

Die erste Stake wird hinter der zweiten Stake nach vorn geführt, dann die zweite Stake hinter der dritten Stake entlang nach vorn, und wiederum die dritte Stake hinter der vierten Stake nach vorn gelegt. Auch hier sollten Sie den Anfang etwas lockerer arbeiten.

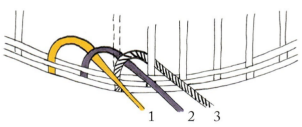

Die erste Stake wird hinter der zweiten Stake nach vorn geführt. Mit der zweiten und der dritten Stake verfahren Sie genauso.

Die erste Stake geht nun über die niedergelegte zweite und dritte Stake, gemeinsam mit der parellel daneben gelegten vierten Stake, hinter der fünften Stake entlang nach vorn. Achten Sie darauf, dass die neu daneben gelegte Stake (hier Stake 4) immer hinten liegt.

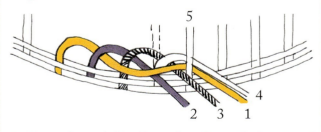

Stake 1 geht nun über die niedergelegten Staken 2 und 3 hinter 5 nach vorn. Stake 4 wird daneben nach vorn gelegt.

Wiederholen Sie dies in gleicher Weise fortlaufend mit den anderen Staken, bis sich außen drei Stakenpaare gebildet haben.

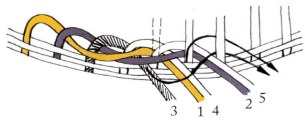

Flechten Sie weiter, bis drei Stakenpaare außen liegen.

Flechten mit Peddigrohr – leicht gemacht

Dann wird immer der rechts liegende Faden des Paares benutzt, um im selben Rhythmus fortzufahren.

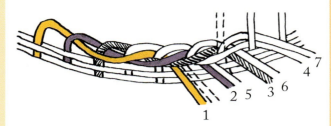

Arbeiten Sie jeweils mit dem rechten Faden eines Paares wie gezeigt weiter.

Die Runde wird geschlossen, indem Sie die drei letzten Fäden vor zwei führen und hinter eins wieder nach vorn stecken. Die Musterfolge ist dann an allen Stellen der Runde identisch

Zum Abschluss der Runde werden die letzten Fadenenden in die entsprechenden Zwischenräume des Anfangs gesteckt.

Zum Schluss werden die Fadenenden parallel vor der Arbeit liegend in den nächsten Zwischenraum nach innen gesteckt. Dann werden die nach innen ragenden Staken verschnitten.

Als Abschluss werden die Staken nach innen gesteckt und verschnitten.

Zopfrand

erforderliche Stakenlänge: ca. 30 cm

Hier ist es besonders wichtig, die ersten Bögen sehr locker zu lassen (siehe Strichlinie in der Abbildung; bis ca. 1,5 cm vom Rand), da noch bis zu drei Fäden hindurch geflochten werden müssen.
Sie arbeiten den Rand wie folgt: Die ersten beiden Staken werden nach außen gebogen. Dann wird die erste Stake in großem Bogen über die umgebogene zweite Stake vor die dritte Stake und wieder nach innen gelegt. Danach wird Stake 3 nach vorn gebogen.

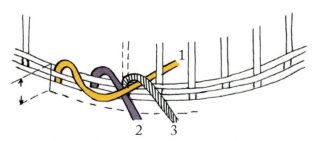

Biegen Sie die Staken 1 und 2 nach außen und legen Stake 1 in großem Bogen über Stake 2 vor Stake 3 nach innen. Biegen Sie Stake 3 dann nach vorn.

Zweiergruppen werden gebildet: Die zweite Stake geht dann über die umgebogene dritte Stake vor der vierten Stake nach innen und die erste Stake kommt hinter der vierten Stake nach vorn.

Stake 2 geht über Stake 3 vor Stake 4 nach innen und Stake 1 wird hinter Stake 4 nach vorn gelegt.

Legen Sie die vierte Stake zur ersten Stake. Dadurch wird die erste Zweiergruppe gebildet. Die dritte Stake wird jetzt über diese Gruppe vor der fünften Stake nach hinten gelegt.

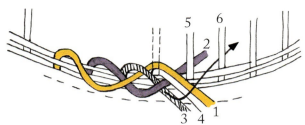

Stake 4 wird zur Stake 1 gelegt. Sie bilden das erste Stakenpaar. Stake 3 geht über dieses Stakenpaar vor Stake 5 nach innen.

Legen Sie nun die dritte Stake über das erste Paar nach hinten (zwischen der fünften und der sechsten Stake). Die zweite Stake wird hinter der fünften Stake über die nach hinten gelegte dritte Stake nach vorn gebracht und die fünfte daneben gelegt. Dies ist das zweite Stakenpaar.

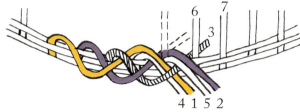

Legen Sie Stake 3 über Paar 1 nach hinten. Stake 2 wird hinter Stake 5 über Stake 3 nach vorn gebracht und Stake 5 daneben gelegt. Sie bilden das zweite Stakenpaar.

Legen Sie das erste Paar über das zweite Paar hinter die siebte Stake.

Nun wird Paar 1 über Paar 2 hinter Stake 7 gelegt.

Die dritte Stake wird über das erste Stakenpaar nach vorn geführt und die sechste Stake daneben gelegt. Es entsteht das dritte Stakenpaar. Das zweite Stakenpaar wird über das dritte Stakenpaar hinter Stake 8 gelegt.

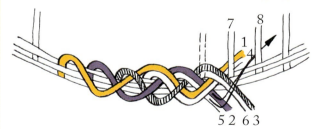

Stake 3 wird über das erste Stakenpaar nach vorn geführt und Stake 6 daneben gelegt. Sie bilden das dritte Stakenpaar. Das zweite Stakenpaar wird hinter Stake 8 gelegt.

Dreiergruppen werden gebildet: Das erste Stakenpaar wird von hinten um die siebte Stake nach vorn gelegt. Die siebte Stake wird jetzt dazu gelegt. Es entsteht die erste Dreiergruppe.

Stakenpaar 1 wird hinter Stake 7 nach vorn geführt und Stake 8 dazu gelegt. Sie bilden die erste Dreiergruppe.

Flechten mit Peddigrohr – leicht gemacht

Die zweite Dreiergruppe wird genauso gearbeitet. Stakenpaar 2 wird hinter die achte Stake nach vorn gelegt. Nun legen Sie die achte Stake dazu und bilden dadurch die zweite Dreiergruppe.

Stakenpaar 2 wird hinter Stake 8 nach vorn gebracht und Stake 8 dazu gelegt.

Legen Sie Dreiergruppe 1 komplett hinter Stake 10. Danach holen Sie Stakenpaar 3 hinter Stake 9 nach vorn und legen Stake 9 dazu. So entsteht die nächste Dreiergruppe.

Dreiergruppe 1 wird hinter Stake 10 gelegt. Dann wird die Zweiergruppe 3 hinter Stake 9 nach vorn gelegt und Stake 9 dazu gelegt.

Jetzt beginnt eine gleichbleibende Musterfolge: Eine Dreiergruppe wird jeweils über die nächste Dreiergruppe vor der nächsten Stake entlang nach hinten gelegt. Die beiden längsten Staken der hinten liegenden Dreiergruppe werden um die nächste Stake nach vorn geführt und diese Stake wird dazu gelegt. Es endet also immer eine Stake der Dreiergruppe innen und eine neue Stake (nächste noch gerade stehende) wird dazu gelegt. So flechten Sie bis zum Rundenende. Die Enden werden später verschnitten.

Dieser Flechtrhythmus wird nun weitergeführt: Dreiergruppe vor der nächsten Stake nach hinten; zwei Staken der Gruppe nach vorn, dritte neue Stake dazu legen.

Am Rundenende wird dem Muster folgend die Dreiergruppe über den ersten Bogen unter den nächsten Bogen nach hinten gelegt.

Zwei Staken der hinten liegenden Dreiergruppe werden mit dem Anfangsbogen durch das Geflecht geführt und hinten liegen gelassen.

Weichen Sie vor dem Schließen der Runde die Staken nochmals gut ein, da diese stark beansprucht werden. Um den Anfang des Zopfrandes der Musterfolge entsprechend aufzufüllen, haben wir die ersten Bögen sehr locker gelassen. Nun ist genug Platz, um die verbleibenden Staken einzuflechten. Orientieren Sie sich dabei am Muster (Dreiergruppen innen und außen).

Die Staken werden immer in diesem Rhythmus durch das Geflecht geführt. So entsteht ein Zopf mit drei Strängen.

Rollrand

**erforderliche Stakenlänge:
je nach Rundenzahl ca. 10–25 cm**

Der Rollrand ist ein einfacher, aber wirkungsvoller kompakter Rand, der in separaten Runden gearbeitet wird. Der Name deutet bereits an, dass sich der Rand nach außen „rollt". Hier gilt: Je mehr Runden gearbeitet werden, umso stärker wölbt sich der Rand!

In der ersten Runde legen Sie die erste Stake nach rechts hinter den beiden folgenden Staken nach vorn. Gehen Sie weiter so vor, bis Sie eine Runde gearbeitet haben.
Am Ende der Runde schließen Sie den Kreis und stecken dem Muster folgend die beiden letzten Staken jeweils durch die Bögen der bereits umgelegten Staken nach vorn.

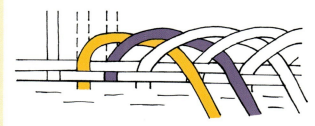

Stake 1 wird nach rechts hinter Stake 2 und 3 nach vorn gelegt.

Für die zweite Reihe können Sie mit einer beliebigen Stake beginnen. Legen Sie die erste Stake über die zweite Stake.

Stake 1 der zweiten Runde wird über Stake 2 gelegt.

Jetzt führen Sie die zweite Stake über die übergelegte erste Stake und danach die erste über die dritte Stake. Die Musterfolge lautet nun: die dritte über die vierte Stake, die vierte über die fünfte Stake usw. Die Staken werden einfach umeinander gedreht und bleiben dann jeweils vor der Arbeit liegen.

Stake 2 wird über die umgelegte Stake 1 und über Stake 3 gelegt. Nun geht Stake 3 über Stake 4 usw. Die Staken bleiben dann vor der Arbeit liegen.

In diesem Rhythmus arbeiten Sie bis zum Ende der Runde weiter und führen hier die letzte Stake durch den Bogen der ersten Stake von hinten nach vorn.

Die letzte Stake wird durch den Bogen der ersten Stake gesteckt.

Diese zweite Runde kann jetzt bis zum gewünschten Ergebnis beliebig wiederholt werden. Das beste Ergebnis erreicht man bei vier bis fünf Runden.

Peddigrohr – mit der Natur

Peddigrohr – mit der Natur verflochten

Baguettekorb

Dieser elegant-schlichte ovale Korb wird auf einem fertig zu kaufenden Holzboden aufgebaut und ist deshalb gut für Anfänger geeignet. Mit seiner traditionellen Form und der interessanten, aber einfachen Henkel-Konstruktion wird der Korb zum Blickfang auf jedem gedeckten Tisch!

Das brauchen Sie:
- ca. 3 Stunden Zeit *
- ovaler Sperrholzboden 40 x 12 cm, 53 Löcher
- 100 g Stakenmaterial 3 mm Ø
- 100 g Flechtfaden 2 mm Ø

So gelingt's:

Für den Boden schneiden Sie 53 Staken à 50 cm zu und flechten nach dem Einstecken der Staken einen Fuß in einfacher Flechtart.

Den Aufbau beginnen Sie im Zweiergeflecht mit 2 mm dickem Flechtmaterial und flechten dabei kontinuierlich mit leichter Tendenz nach außen. Nach ca. 6 cm fixieren Sie auf den beiden Mittelstaken der kurzen Seiten jeweils zwei Wäscheklammern und auf den rechts und links daneben liegenden Staken eine Wäscheklammer. Die Klammern dienen als Platzmacher für die Griffmulden des Korbes. Nun flechten Sie zwei bis drei Runden im Zweiergeflecht weiter und an den betreffenden Stellen im leichten Bogen über die Klammern hinweg. Sie können die Hilfsklammern jetzt entfernen und die Staken für den Rand einweichen.

Für den Rand flechten Sie einen Rollrand mit sechs Runden.

Baguettekorb

Baguettekorb.
Ovaler Boden 40 x 12 cm; oberer Rand 46 x 18 cm; Höhe 9 cm.

Peddigrohr – mit der Natur verflochten

Kleiner Korb

Die Wirkung dieses kleinen Korbes beruht auf seiner ungewöhnlichen Form und den Querstreifen aus geräuchertem Peddigrohr. Die Form gleichmäßig zu arbeiten, ist schon etwas schwieriger, aber das Ergebnis belohnt die Mühe auf jeden Fall!

Das brauchen Sie:
- ca. 3 Stunden Zeit *
- runder Sperrholzboden 20 cm Ø, 29 Löcher
- 50 g Stakenmaterial 3 mm Ø
- 100 g Flechtfaden 2 mm Ø
- einige Flechtfäden 2 mm Ø, geräuchert

So gelingt's:

Für den Boden schneiden Sie 29 Staken à 40 cm zu und flechten nach dem Einstecken der Staken einen Fuß in einfacher Flechtart.

Für den Aufbau beginnen Sie im Zweiergeflecht mit 2 mm dickem Flechtmaterial und flechten dabei kontinuierlich mit leichter Tendenz nach innen. Nach etwa 4 cm Höhe flechten Sie nach außen. Anschließend gehen Sie bei gleich bleibendem Geflecht nach insgesamt 8 cm Aufbau stark nach innen, um dann allmählich bis zu einem Durchmesser von 20 cm nach außen zu formen.

Eine weitere Zierde dieses kleinen Korbes ist die Farbgebung im Wechsel vom Hell und Dunkel. Die Breite der Farbstreifen können Sie frei variieren. Lassen Sie ihren eigenen Ideen freien Lauf!

Für den Rand flechten Sie einen Zopfrand.

Kleiner Korb

*Kleiner Korb.
Boden 20 cm Durchmesser;
oberer Rand 20 cm Durchmesser;
Höhe 16 cm.*

Peddigrohr – mit der Natur verflochten

Dekokugeln

Das brauchen Sie:
- ca. 1 Stunde Zeit *
- ca. 50–90 g Flachband 5 mm, geräuchert
- Luftballon (Hilfsmittel) oder Rebenkugel als Grundkörper
- Bast oder Paketschnur (als Hilfsfaden)

So gelingt's:

Blasen Sie den Luftballon auf die gewünschte Größe auf, und verschließen Sie ihn mit einem Knoten. Legen Sie einen Hilfsfaden aus Bast oder Paketschnur bereit. Nehmen Sie einen Flechtfaden (Peddigrohr-Flachband 5 mm) und umwickeln den Luftballon damit in der senkrechten, dann auch in der waagerechten Ebene. Achten Sie dabei darauf, dass sich Anfang und Ende des Flechtfadens am Ballonzipfel befinden. Jetzt können Sie den Hilfsfaden mit dem Zipfel und den Flechtenden verknoten. So erreichen Sie eine gewisse Anfangsstabilität.

Arbeiten Sie nun fortlaufend mit den Flechtfäden und kreuzen dabei die bereits bestehenden Flechtrunden im Wechsel darüber und darunter. Es kommt hier nicht auf eine strikte Einhaltung der Flechtfolge an. Ziel ist es, die Kugel so stabil zu machen, dass der Luftballon überflüssig wird. Die Flachbandanfänge und -enden werden einfach in das schon entstandene Geflecht geschoben. Ist die gewünschte Geflechtdichte erreicht, beenden Sie die Arbeit.

Eine **Variation** der Arbeitsweise stellt das Umflechten einer beliebigen Reben- oder Mooskugel dar. Der Flechtvorgang ist identisch, aber durch die Stabilität der Grundform sehr leicht zu arbeiten.

Dekokugeln

Deko-Kugeln aus mit Flachband umflochtenden Rebenkugeln, ca. 15 und 20 cm Durchmesser.

Peddigrohr – mit der Natur verflochten

Wengefarbene flache Schale

Als große Obstschale oder mit dekorativen Accessoires bestückt – diese Schale wird mit Sicherheit zum Blickpunkt! Das eingearbeitete Flachband ebenso wie die interessante Randgestaltung machen die Korbschale zum attraktiven Dekorationsobjekt.

Das brauchen Sie:
- ca. 5 Stunden Zeit **
- 200 g Peddigrohr 2 mm Ø, geräuchert
- 100 g Flachband 10 oder 12 mm breit, geräuchert
- 100 g Stakenmaterial 3 mm Ø, geräuchert
- Beize, wengefarben (alternativ 2 Teile dunkelbraun / 1 Teil schwarz)

So gelingt's:

Für den Boden schneiden Sie 16 Staken 130 cm lang und 2 Staken 65 cm lang zu. Flechten Sie dann einen runden Boden mit durchbrochenem Bodenkreuz. Abweichend von der Anleitung im einleitenden Teil dieses Buches setzen Sie aber nach den ersten Runden mit 2 mm dicken Flechtmaterial an beliebiger Stelle die beiden Staken à 65 cm als Stakenpaar ein und flechten bis zu einem Durchmesser von ca. 15 cm im Einergeflecht. Beachten Sie dabei, dass immer zwei Staken als Paar gemeinsam umflochten werden, Sie hier also mit 17 Stakenpaaren arbeiten.

Wengefarbene flache Schale

Peddigrohr – mit der Natur verflochten

Die Flachbandstaken werden über die zur Seite gebogenen Rundstaken nach unten gebogen, durch vier Reihen Geflecht gesteckt und außen auf der Schale zum Boden geführt.

Für den Aufbau schneiden Sie nun 17 Abschnitte Flachband 65 cm lang zu und stecken je ein Flachband neben ein Stakenpaar. Einfacher geht die Arbeit von der Hand, wenn man das Flachband leicht schräg zuschneidet und sich die Stecköffnung mit der Ahle etwas aufweitet.

Nun flechten Sie mit 3 mm dickem Peddigrohr eine Runde Dreiergeflecht als Kimme. Beim Flechten der Kimme wird jedes eingesetzte Flachband und jedes Stakenpaar als eine Stake betrachtet. Der Aufbau geht mit doppeltem 2 mm dickem Flechtfaden für drei Runden im Einergeflecht weiter.

Im weiteren Verlauf besteht die Besonderheit des Geflechts darin, dass im frei wählbaren Wechsel entweder nur die Rundstaken oder nur die Flachbandstaken im Zweiergeflecht umflochten werden. Die anderen Staken bleiben jeweils unbeachtet vor der Arbeit liegen. In gewissen Abständen wird dann eine

Runde zur Stabilisierung um jede Stake (Stakenpaar und Flachbandstake) geflochten.
Folgender Flechtrhythmus wurde hier im Zweiergeflecht gearbeitet:
- 4 Runden nur um Rundstakenpaare, Flachband vor der Arbeit liegen lassen
- 1 Runde um jede Stake
- 8 Runden nur um Rundstakenpaare, Flachband vor der Arbeit liegen lassen
- 1 Runde um jede Stake
- 4 Runden nur um Flachband, Rundstakenpaare vor der Arbeit liegen lassen
- 1 Runde um jede Stake

Achten Sie während des Flechtens auf die Formgebung. Ziel sollte eine ausladende, flache Schale sein. Dazu ist es notwendig, die Staken beim Flechten fortwährend nach außen zu drücken.

Für den Rand weichen Sie die Staken gut im warmen Wasser ein. Nun legen Sie alle runden Staken in eine Richtung gleichmäßig zur Seite. Dadurch entsteht ein Wulst. Zur Fixierung schlingen Sie nun die Flachbandstaken von innen nach außen um den Wulst und ziehen das Flachband auf der Außenseite der Schale durch vier Reihen Geflecht, führen es auf dem Geflecht laufend zum Boden der Schale und fädeln es dort durch die erste Reihe Einergeflecht über der Kimme. Arbeiten Sie fortlaufend, bis alle Flachbandstaken den Wulst umschlingend zum Boden geführt sind. Sie sollten darauf achten, dass die Rundstakenenden im Inneren des Wulstes verschwinden. Zum Schluss werden alle Enden verschnitten.

Nach dem Trocknen des Geflechtes wird die Beize mit Pinsel oder Sprühflasche aufgetragen. Verwendet man eine wasserlösliche Beize, ist ein Überzug aus Acrylkorblack empfehlenswert.

Wengefarbene flache Schale. Boden 16 cm Durchmesser; Rand 40 cm Durchmesser; Höhe 9 cm.

Peddigrohr – mit der Natur verflochten

Wengefarbene Vase

Als Einzelstück oder zusammen mit der flachen Schale schafft diese Bodenvase eine elegante und zeitlose Atmosphäre. Durch ihre Höhe und das interessante Muster bedarf diese Vase keiner weiteren Dekoration mehr, um ihre Wirkung zu entfalten.

Das brauchen Sie:
- ca. 8 Stunden Zeit ***
- 150 g Peddigrohr 2 mm Ø, geräuchert
- 200 g Peddigrohr 3 mm Ø, geräuchert
- 100 g Flachband 10 oder 12 mm breit, geräuchert
- 50 g Stakenmaterial 3 mm Ø, geräuchert
- 100 g Stakenmaterial 3,5 mm Ø, geräuchert
- Beize, wengefarben (alternativ 2 Teile dunkelbraun / 1 Teil schwarz)

So gelingt's:

Für den Boden schneiden Sie 16 Staken (3 mm Ø) 30 cm lang zu und flechten dann einen runden Boden mit durchbrochenem Bodenkreuz. Flechten Sie im Zweiergeflecht mit 2 mm dickem Flechtrohr bis zu einem Durchmesser von 17 cm. Fahren Sie dann mit 3 mm dickem Flechtrohr zwei Runden lang im Dreiergeflecht fort, um eine größere Stabilität zu erreichen. Für den Aufbau schneiden Sie 16 Abschnitte Flachband je 90 cm lang und 16 Staken (3,5 mm Ø) je 90 cm lang zu. Stecken Sie je ein Flachband und eine Rundstake im Wechsel neben je eine Bodenstake. Einfacher geht die Arbeit von der Hand, wenn man das Flachband leicht schräg zuschneidet und sich die Stecköffnung mit der Ahle etwas aufweitet. Biegen Sie die eingesetzten Staken nach oben, indem Sie die jeweilige Stake an der gewünschten Knickstelle mit der Ahlenspitze etwas eindrücken und dann nach oben biegen. In den ersten Runden hat sich das Zusammenbinden der Staken mit Bast als hilfreich erwiesen. Nun flechten Sie mit 3 mm dickem Peddigrohr drei Runden Dreiergeflecht. Dann geht der Aufbau im Zweiergeflecht weiter.

Arbeiten Sie nun in frei wählbarem Wechsel weiter: Entweder werden nur die Rundstaken oder nur die Flachbandstaken im Zweiergeflecht umflochten. Dabei bleiben die jeweils anderen Staken vor der Arbeit liegen. Ab und zu wird zur Stabilisierung eine Runde um jede Rundstake bzw. Flachbandstake geflochten.

Wengefarbene Vase

Peddigrohr – mit der Natur verflochten

Die Flachbandstaken werden über die zur Seite gebogenen Rundstaken nach unten gebogen, durch vier Reihen Geflecht gesteckt und außen auf der Schale zum Boden geführt.

Folgender Flechtrhythmus wurde hier verwendet:
- 4 Runden nur um Rundstaken, Flachband vor der Arbeit liegen lassen
- 4 Runden nur um Flachbandstaken, Rundstaken vor der Arbeit liegen lassen
- 10 Runden nur um Rundstaken, Flachband vor der Arbeit liegen lassen
- 1 Runde um jede Stake
- 10 Runden nur um Rundstaken, Flachband vor der Arbeit liegen lassen
- 1 Runde um jede Stake

Jetzt sind etwa 20 cm leicht nach außen gehend gearbeitet. Achten Sie beim weiteren Flechten auf die Formgebung und flechten von jetzt an stark nach innen. Um den geringer werdenden Stakenabstand auszugleichen, flechten Sie nun mit 2 mm dickem Flechtfaden weiter. Das Flachband läuft vor der Arbeit; die Rundstaken werden im Zweiergeflecht geflochten. Nach 13 Reihen arbeiten Sie wieder eine Runde um jede Stake.

Das Geflecht sollte nun soweit nach innen gebogen sein, das Sie für den Vasenhals gerade nach oben flechten können (Durchmesser ca. 8–10 cm). Auch jetzt läuft das Flachband vor der Arbeit, aber Sie nehmen nun immer zwei Rundstaken zusammen und flechten im Zweiergeflecht weiter. Damit erreichen Sie ein leichteres Arbeiten um die mittlerweile sehr eng zusammen stehenden Staken. Nach ca. 10 cm Halshöhe sollten Sie noch eine Stabilisierungsrunde um alle außen liegenden Flachbänder und die Rundstakengruppen flechten.

Beim weiteren Flechtvorgang arbeiten Sie für den oberen Vasenhals nach außen. Dazu wird wieder das Flachband außen geführt. Die Rundstakengruppen teilen Sie jetzt wieder in Einzelstaken auf. Nach ca. 5 cm Halsweitung sollte ihr Vasenhals einen Durchmesser von etwa 15 cm aufweisen. Jetzt flechten Sie eine Abschlussrunde um alle Staken und weichen die Staken für den Rand ein.

Für den Rand flechten Sie einen überdeckten Randabschluss mit den Rundstaken über drei Zwischenräume. Die außen liegenden Flachbänder führen Sie nach innen und stecken sie mit Hilfe der Ahle in das innen liegende Zweiergeflecht. Nun können Sie die Enden bei Bedarf kürzen.

Nach dem Trocknen des Geflechtes wird die Beize mit Pinsel oder Sprühflasche aufgetragen. Verwendet man eine wasserlösliche Beize, ist ein Überzug aus Acrylkorblack empfehlenswert.

Wengefarbene Bodenvase. Boden 20 cm Durchmesser; Rand 15 cm Durchmesser; Höhe 55 cm.

Peddigrohr – mit der Natur verflochten

Hocker mit Sitzkissen

Das brauchen Sie:
- ca. 10 Stunden Zeit **
- 500 g Flachband 6 mm
- 300 g Stakenmaterial 3,25 mm Ø
- Holzgrundgerüst 40 x 40 x 40 cm (auch ähnliche Maße möglich)
- Kissen 40 x 40 cm
- Tacker, alternativ auch kleine Nägel und Hammer
- Beize, birnbaumfarben

So gelingt's:

Als Grundgerüst können Sie auch unbehandelte Holzwürfel, Beistelltischchen oder ähnliches verwenden, die in großer Auswahl preiswert im Möbelhandel angeboten werden

Sie beginnen mit der Sitzfläche: Markieren Sie auf der geschlossenen Oberseite des Würfels die entsprechenden Stakenabstände abhängig von der Größe ihres Grundkörpers. In diesem Fall wurden auf allen vier Kanten der Oberseite 13 Staken im Abstand von 3 cm angezeichnet. Ebenso verfahren Sie an den vier Kanten der Unterseite, um einen geraden Stakenverlauf zu garantieren. Ein Einkerben der Markierungen mit einem Messer erleichtert Ihnen beim anschließenden Spannen der Staken die Arbeit. Schneiden Sie 26 Staken à 140 cm Länge aus dem Stakenmaterial (3,25 mm Ø) zu. Legen Sie die ersten 13 Staken so ausgerichtet über die Sitzfläche,

dass sie vom Boden ausgehend senkrecht nach oben über ein Seitenteil, über die Sitzfläche und die gegenüber liegende Seite senkrecht zum Boden laufen. Nutzen Sie die Einkerbungen, um die richtigen Abstände einzuhalten, und tackern die Staken straff gespannt an der Bodenunterseite fest. Nun nehmen Sie die nächsten 13 Staken und flechten sie quer zu den bereits gespannten Staken im Rhythmus über eins und unter eins über die Sitzfläche. Dabei sollten die Enden auf beiden Seiten über die verbleibenden Seitenteile bis zum Boden reichen. Tackern Sie sie anschließend auf der Hockerunterseite fest. Nun kann die Sitzfläche mit Flachband im gleichen Rhythmus (über eins, unter eins) ausgeflochten werden. Schneiden Sie sich dazu 50 cm lange Stückchen, die sie entsprechend verarbeiten. Die Enden der Flachbandstreifen werden an den Seitenteilen rechts und links fest getackert.

Nun werden die Seiten gearbeitet: Oben vom Rand der Sitzfläche ausgehend flechten Sie alle Seitenteile gleichzeitig, also mit Flachband umlaufend in Runden im Einergeflecht. Da hierfür eine ungerade Stakenzahl erforderlich ist, werden 2 Staken in einer Ecke der Runde als eine Stake umflochten. Das ist im späteren Gesamtbild unauffällig und bringt den gewünschten Effekt. Am Boden angekommen, beenden Sie die Arbeit.

Zum Schluss wird nach Wunsch noch eine Holzlasur aufgetragen. Ist diese wasserlöslich, ist eine Versiegelung mit Acryllack nötig.

Hocker mit Sitzkissen

*Quaderförmiger Hocker mit Sitzkissen.
Boden 40 x 40 cm; Breite 40 x 40 cm;
Höhe 40 cm (ohne Kissen).*

Peddigrohr – mit der Natur verflochten

Tischset

Das brauchen Sie:
- ca. 3 Stunden Zeit **
- 150 g Flachband 5 mm
- 6 x 1 m Kiefernleisten 10 x 2 mm oder alternativ 6 m Flachband 10 mm
- kleine Nägel und Hammer
- Hilfsrahmen: alter Holz-Bilderrahmen, Seidenmalspannrahmen etc.
- Beize, birnbaumfarben
- 2 Lederstreifen, dunkelbraun 30 x 4 cm

So gelingt's:

Bereiten Sie zuerst den Hilfsrahmen vor, denn Sie benötigen eine Konstruktion, die ein Umflechten der Holzleisten oder Flachbandstücke ohne Verrutschen ermöglicht. Dazu schneiden Sie 11 Holzleisten oder Flachbandstücke (10 mm breit) auf 45 cm Länge zu. Diese Leisten befestigen Sie mit kleinen Nägeln in 2 cm Abstand auf einem alten Holzbilderrahmen, Seidenmalspannrahmen oder Ähnlichem. Sie haben nun eine gute Arbeitsgrundlage.
Jetzt weichen Sie die entsprechende Menge Flachband ein und flechten im Einergeflecht hin und her, bis die gesamte Fläche ausgefüllt ist. Dazu wird an der jeweiligen Randstake das Flachband herumgeführt und im Rhythmus über eins, unter eins bis zur gegenüberliegenden Seite weitergearbeitet.
Nun können Sie die Nägel vorsichtig lösen. Die auf beiden Seiten überstehenden Holzleisten werden mit einer Gartenschere bündig mit dem Geflechtrand abgeschnitten. Jetzt können Sie die Beize auftragen und trocknen lassen. In der Zwischenzeit bereiten Sie die Lederstreifen vor. Diese werden längs hälftig geknickt und mit Alleskleber oder einer Klebepistole so über die Schmalseiten des Tischsets geklebt, dass die Kanten umschlossen sind.

Tischset

Naturfarbenes Tischset mit Lederrand. 42 x 29 cm.

Peddigrohr – mit der Natur verflochten

Marokkanische Schale

Das brauchen Sie:
- ca. 5 Stunden Zeit **
- 50 g Peddigrohr 2 mm Ø
- 1–2 Fäden Flachband 5 mm breit
- 150 g Stakenmaterial 3 mm Ø
- 3–4 Fäden Peddigrohr 4 mm Ø
- Beize, marokkorot (alternativ 2 Teile rot / 1 Teil dunkelbraun)

So gelingt's:

Für den Boden schneiden Sie 12 Staken 120 cm lang zu und flechten einen runden Boden mit gerader Stakenzahl. Abweichend von der Anleitung setzen Sie nach den ersten 10 cm im Zweiergeflecht neben jede Stake eine weitere 50 cm lange Stake und flechten bis zu einem Durchmesser von 36 cm weiter im Zweiergeflecht. Jede Stake wird einzeln umflochten.

Für den Aufbau führen Sie nach gründlichem Einweichen jede Stake im entgegengesetzten Uhrzeigersinn von außen nach oben um die jeweils nächste Stake. Hier wird das gleiche Prinzip wie beim einfachen Rand verwendet. Halten Sie den Korb so, dass Sie beim Flechten hinein schauen.

Nun legen Sie alle Staken in eine Richtung gleichmäßig zur Seite, wodurch ein Wulst entsteht. Zur Fixierung schlingen Sie einen Flechtfaden (2 mm Ø) von innen nach außen um den Wulst und ziehen den Flechtfaden auf der Außenseite der Schale durch die letzte Reihe Bodengeflecht oder später durch die schon darunter liegenden Wülste nach innen. Typisch für dieses Umschlingen der Staken ist, dass durch immer neu umgelegte Staken irgendwann ein sehr dicker Wulst entstehen würde. Also gilt es, immer nur eine bestimmte Menge (z.B. 5 Staken) zu umschlingen und jeweils so viele Staken vor der Arbeit liegen zu lassen, wie neue Staken durch Umlegen dazu kommen. Die liegen gelassenen Staken werden dann in den folgenden Runden nach Bedarf eingearbeitet, bis alle Enden umschlungen sind.

Für den Rand weichen Sie den 4 mm dicken Flechtfaden gut in warmem Wasser ein, legen ihn in drei bis vier Runden passgenau auf den Rand und fixieren ihn mit ein bis zwei Hilfsfäden. Nehmen Sie nun das Flachband und umschlingen damit den gesamten Randwulst und eine Reihe des darunter liegenden Geflechtes. Führen Sie die Arbeit fort, bis sich die Runde schließt. Nun arbeiten Sie eine Runde in entgegengesetzter Richtung. Dadurch entsteht ein dekoratives Kreuzgeflecht.

Nach dem Trocknen der Schale wird die Beize aufgetragen. Verwendet man wasserlösliche Beize, ist ein Überzug aus Acrylkorblack empfehlenswert.

Marokkanische Schale

Marokkanische Schale mit dekorativem Rand. Boden 36 cm Durchmesser; Rand 40 cm Durchmesser; Höhe 5 cm.

Peddigrohr – mit der Natur verflochten

Runder Korb mit Ziergeflecht

Ein klassischer Korb mit modernen Elementen – so kann eine traditionelle Handwerkstechnik zeitgemäß umgesetzt werden! Dieser Korb besticht durch das hellgrüne Ziergeflecht, das dem sonst meist in Naturtönen verwendeten Peddigrohr eine frische Ausstrahlung verleiht.

Das brauchen Sie:
- ca. 5 Stunden Zeit **
- 2–3 Flechtfäden Peddigrohr 2 mm Ø farbig (z.B. grün)
- 50 g Peddigrohr 2,4 mm Ø
- 50 g Stakenmaterial 3,25 mm Ø
- 30 g Flachband 6 mm

So gelingt's:

Für den Boden schneiden Sie acht Bodenstaken 30 cm lang und eine Stake 15 cm lang zu (3,25 mm Ø) und flechten einen runden Boden mit ungerader Stakenzahl. Flechten Sie im Einergeflecht mit doppeltem Faden (Flechtrohr 2,4 mm Ø) mehrere Runden, bis Sie einem Durchmesser von 25 cm erreicht haben.

Für den Aufbau schneiden Sie 34 Aufbaustaken à 60 cm zu und stecken eine jeweils rechts und links neben eine Bodenstake. Mit der Ahle können die Einstecklöcher etwas aufgeweitet und die Staken an den Biegestellen für den Aufbau vorbereitet werden. Flechten Sie anschließend eine Runde Dreiergeflecht als Kimme mit dem Stakenmaterial in entgegengesetzter Richtung.

Wechseln Sie jetzt zum 2,4 mm dicken Flechtfaden und flechten vier Runden im Zweiergeflecht, anschließend 14 Runden im Dreiergeflecht. Nun arbeiten Sie neun Runden mit dem Flachband im Einergeflecht.

Da wir eine gerade Stakenanzahl haben, ist ein fortlaufendes Arbeiten nicht möglich und jede Runde wird separat angesetzt. Für das hier verwendete Ziergeflecht schneiden Sie 17 Flachbandstücke à 10 cm Länge zu. Diese Abschnitte werden über jeder zweiten Stake im Bereich des Flachbandgeflechtes mit Hilfe der Ahle senkrecht in das Geflecht geschoben. Hier verwenden Sie folgenden Rhythmus: unter Reihe 1, über Reihe 2/3/4, unter Reihe 5, über Reihe 6/7/8, unter Reihe 9. Flechten Sie weitere fünf Runden im Dreiergeflecht mit 2,4 mm dickem Faden.

Um das Ziergeflecht fertig zu stellen, nehmen Sie einen farbigen Flechtfaden und ziehen in Runden (schneckenförmig) durch die jeweiligen Flachbandabschnitte. Dabei gehen Sie immer unter die senkrecht und über die waagerecht verlaufenden Flachbänder. Ist der Zwischenraum kreisförmig aufgefüllt, wechseln Sie zum nächsten Abschnitt.

Für den Rand flechten Sie einen Zopfrand.

Runder Korb mit Ziergeflecht

Runder Korb mit pastellgrünem Ziergeflecht. Boden 25 cm Durchmesser; Rand 32 cm Durchmesser; Höhe 22 cm.

Peddigrohr – mit der Natur verflochten

Blattschale

Das brauchen Sie:
◆ ca. 3 Stunden Zeit **
◆ 100 g Peddigrohr 2,4 mm Ø in verschiedenen Grüntönen
◆ 20 g Peddigrohr 2,4 mm Ø
◆ 50 g Stakenmaterial 3,25 mm Ø

Dieser Korb ist einem Blatt nachempfunden. Da auch Blätter in der Natur sehr unterschiedlich sind, kommt es bei dieser freien Arbeit nicht darauf an, eine genaue Anleitung zu verfolgen, sondern sich in das Material einzufühlen und eigene Ideen umzusetzen.

So gelingt's:

Für den Boden schneiden Sie acht Staken 55 cm lang und eine Stake 28 cm lang zu (3,25 mm Ø) und flechten einen runden Boden mit ungerader Stakenzahl. Flechten Sie im Einergeflecht mit doppeltem Faden (Flechtrohr 2,4 mm Ø) mehrere Runden. Nun sollten Sie die Stellen festlegen, die oval zulaufend die Längsseiten des Blattes darstellen sollen.
Flechten Sie die folgenden Runden im Zweiergeflecht und überhöhen an den festgelegten Stellen, indem Sie hin und her flechten. Der Boden sollte an den schmalen Seiten einen Durchmesser von ca. 15 cm haben. Für die letzten Bodenrunden können Sie bereits grün gefärbten Flechtfaden benutzen.
Für den Aufbau schneiden Sie weitere 17 Staken à 30 cm Länge zu und stecken diese neben je eine Bodenstake. Mit der Ahle können Sie die Stellen markieren, an denen die Staken für den Aufbau nach oben gebogen werden. Flechten Sie nun im Zweiergeflecht (ein Wechsel der Farbe in Grüntönen ist erwünscht) um jede nun vorhandene Stake, und konzentrieren Sie sich auf die Formgebung. Die zwei schon im Boden oval ausgeformten Stellen werden weiter überhöht. Sie sollten beachten, dass eine Seite (Blattspitze) häufiger aufgearbeitet wird als die andere. Hier sollten Sie alle zwei Runden eine Überhöhung einarbeiten, auf der Gegenseite (Stiel) nur alle drei bis vier Runden.
Sind Sie mit Form und Höhe der Schale zufrieden, können Sie den Rand arbeiten. Dafür bilden Sie mit einer Stake in der Mitte der Stielseite einen Bogen und umflechten ihn in Hin- und Herrunden mit grünem Flechtfaden, um den Stiel zu gestalten. Ausgehend von dieser Teilung flechten Sie rechts und links vom Stiel einen einfacher Randabschluss.
Die Besonderheit dieser Schale besteht zum einen darin, dass man hier keine geschlossene Runde flicht, sondern die beiden

Blattschale

rechts und links zulaufenden Randstaken mit einem Flechtfaden als Blattspitze bündelt, und zum anderen, dass der einfache Rand seitenverkehrt gearbeitet wird. Dazu biegen Sie die Staken nicht wie üblich um die nächste Stake nach außen, sondern um die nächste von außen nach innen. Im zweiten und letzten Arbeitsschritt kommen die Stakenenden dann außen und nicht innen zu liegen. Diese Variante sieht bei flachen Schalen aparter aus, da die Stakenenden nicht zu sehen sind.

Asymmetrische Schale in Form eines Blattes. Boden 15 cm Durchmesser; Rand 25 x 40 cm; Höhe 8 cm.

Pflanzkorb „Kubus"

Das brauchen Sie:
- ca. 6 Stunden Zeit ***
- 150 g Peddigrohr 2 mm Ø
- 50 g Flachband 5 mm
- 100 g Stakenmaterial 3,25 mm Ø
- 1–2 Stangen Stakenmaterial 4 mm Ø
- stabile Plastiktüte unbedruckt

So gelingt's:

Für den Boden schneiden Sie zunächst acht Staken auf 20 cm Länge zu und arbeiten damit einen normalen runden Boden. Flechten Sie im Einergeflecht mit aufeinander folgenden Fäden (Flechtmaterial 2 mm Ø) bis zu einem Durchmesser von 19 cm. Jetzt beginnen Sie, die quadratische Form auszuarbeiten. Schneiden Sie 36 Zusatzstaken à 40 cm (Stakenmaterial 3,25 mm Ø) zu, und setzen Sie rechts und links neben jeder Bodenstake eine Zusatzstake ein. An vier gleichmäßig verteilten „Ecken" werden dann die verbleibenden vier Staken eingesetzt. Vier Bodenstaken (Ecken) erhalten also drei Zusatzstaken, alle anderen nur zwei.

Flechten Sie eine Runde Dreierkimme zum Spreizen der Staken und zur Stabilisierung als Fuß. An den vier diagonal liegenden Seiten müssen Sie nun die Ecken aufarbeiten. Dazu markieren Sie die Stellen mittig zwischen zwei Ecken mit einem kleinen Band oder Gummi. Hier ist der Ausgangspunkt für das Überhöhen der Ecken (siehe „Aufarbeiten und Überhöhen", S. 17). Sie beginnen an einer mittig markierten Stelle des Korbes und arbeiten im Einergeflecht über die Diagonale bis zur nächsten markierten Stelle in hin- und hergehenden Reihen, bis die Ecke ausgeprägt ist. So verfahren Sie mit allen vier Ecken. Nun gehen Sie an den Aufbau: Die mit Hilfe der Ahle nach oben gebogenen Staken werden nun im Einergeflecht mit fortlaufendem Faden bis zu einer Höhe von 5 cm geflochten. Achten Sie darauf, dass die Ecken ausgeformt bleiben. Die für den Boden als Ecken eingesetzten Zusatzstaken werden nun durch 4 x 2 Staken (30 cm lang) aus 4 mm dickem Stakenmaterial ersetzt. Es befindet sich also jetzt in jeder Ecke ein dickes Stakenpaar, das in allen folgenden Runden als eine Stake umflochten wird. Zur Zierde werden die nächsten beiden Runden mit Stakenmaterial (3,25 mm Ø) im Dreiergeflecht, dann drei Runden mit Flechtfaden (2 mm Ø) im Zweiergeflecht, 8 cm mit Flachband im Einergeflecht mit fortlaufendem Faden, abermals drei Runden im Zweiergeflecht und eine Runde im Dreiergeflecht mit Stakenmaterial (3,25 mm Ø) gearbeitet.

Nach weiteren 4 cm Aufbau im Einergeflecht mit fortlaufendem Faden (2 mm Ø) beginnen Sie mit dem Rand.

Für den Rand weichen Sie die Staken gut in warmem Wasser ein und biegen sie in einem Winkel von 90° nach innen. Um leichter zu flechten, können die Staken falls erforderlich auf ca. 10 cm eingekürzt werden. Flechten Sie noch 2 cm im Einergeflecht mit fortlaufendem Faden weiter. Dann beenden Sie den nach innen entstandenen breiten Rand mit einem einfachen Randabschluss.

Damit Sie den Korb auch als Pflanzgefäß nutzen können, kleiden Sie ihn anschließend mit einer stabilen Plastiktüte aus, die mit einigen Stichen am oberen Rand fixiert wird. Ebenso ist eine wasserfeste Lackierung von Vorteil.

Pflanzkorb „Kubus"

Pflanzkorb „Kubus".
Boden 20 x 20 cm; Rand
20 x 20 cm; Höhe 20 cm.

Peddigrohr – mit der Natur verflochten

Papierkorb mit Holzperlen

Auch alltägliche Gebrauchsgegenstände können schön und ästhetisch sein – das beweist dieser im Materialmix mit Holzperlen gearbeitete Korb. Durch das Umschließen der Holzperlen sind die Staken leicht geschwungen, was dem Papierkorb ein anmutiges Aussehen verleiht.

Das brauchen Sie:
◆ ca. 7 Stunden Zeit **
◆ 250 g Peddigrohr 2,4 mm Ø
◆ 150 g Stakenmaterial 3,25 mm Ø
◆ 17 Holzperlen (Makrameeperlen)

So gelingt's:

Für den Boden schneiden Sie acht Bodenstaken je 120 cm lang und eine Stake 60 cm lang zu (Stake 3,25 mm Ø) und flechten einen runder Boden mit ungerader Stakenzahl. Flechten Sie im Einergeflecht (Flechtrohr 2,4 mm Ø) mehrere Runden bis zu einem Durchmesser von 21 cm.

Für den Aufbau werden die eingeweichten und nach oben gebogenen Staken 15 cm mit Flechtfaden (2,4 mm Ø) im Zweiergeflecht umflochten. Die Korbform verläuft dabei fast gerade nach oben mit einer kleinen Tendenz nach außen.

Um den großen Korb zu stabilisieren, schneiden Sie nun 34 Staken 65 cm lang zu und ziehen diese jeweils rechts und links neben einer Stake durch den gesamten schon geflochtenen Aufbau.

Die Besonderheit bei diesem Korb ist der extra gearbeitete Fuß. Dazu lassen Sie die neu durchgezogenen Staken etwa 15 cm nach unten herausschauen, wenden den Korb, sodass Sie den Boden sehen, und flechten jetzt mit diesen Stakenenden einen einfachen Randabschluss. Damit wird zusätzliche Stabilität erreicht.

Nun wenden Sie den Korb wieder und fädeln jeweils auf die mittlere Stake der neu entstandenen Dreierstakengruppen eine Perle. Im weiteren Verlauf flechten Sie noch einmal 15 cm im Zweiergeflecht, wobei die Staken im Dreierpack gemeinsam umflochten werden.

Für den Rand arbeiten Sie einen Dreierzuschlag nach der Anleitung im Einleitungsteil dieses Buches.

Papierkorb

Papierkorb mit eingeflochtenen Holzperlen. Boden 21 cm Durchmesser; Rand 30 cm Durchmesser; Höhe 33 cm.

Badutensilo mit Deckel

Das brauchen Sie:
- ca. 5 Stunden Zeit **
- 250 g Peddigrohr 2 mm Ø
- 100 g Stakenmaterial 3,25 mm Ø
- einige Stränge Seegrasschnur, naturfarben
- 2 kleine Knöpfe als Schlangenaugen

So gelingt's:

Für den Boden schneiden Sie acht Bodenstaken je 22 cm lang zu (Stake 3,25 mm Ø) und flechten einen runden Boden mit gerader Stakenzahl. Flechten Sie im Zweiergeflecht die Runden fortlaufend bis zu einem Durchmesser von 19 cm.

Für den Aufbau schneiden Sie 16 Aufbaustaken à 35 cm zu und stecken eine jeweils rechts oder links neben eine Bodenstake. Mit der Ahle können die Einstecklöcher etwas geweitet und die Staken an den Biegestellen für den Aufbau vorbereitet werden. Nun flechten Sie mit Flechtfaden (2 mm Ø) 25 cm im Dreiergeflecht gerade nach oben.

Für den Rand flechten Sie einen überdeckten Randabschluss über drei Zwischenräume. Dieser Randabschluss ist schön schmal und eignet sich deshalb besonders für einen Korb mit Deckel.

Der Deckel wird im ersten Teil genau wie der Boden gearbeitet: acht Staken à 25 cm zuschneiden und wie oben geschildert weiterarbeiten. Bei einem Durchmesser von 20 cm überprüfen Sie die Passform des Deckels. Steht der Deckel etwas über den Rand, können Sie die Staken mit Hilfe der Ahle um 90° nach unten biegen. Das Zweiergeflecht wird jetzt noch 2 cm fortgeführt, dadurch entsteht der Deckelrand. Um keinen wulstigen Deckelrand zu bekommen, der die Funktionsfähigkeit beeinträchtigt, versäubern Sie den Rand mit einem Flechtfaden in einer Art Steppstich. Danach kann man die Staken bis zum Geflechtrand kürzen. Dann wird der Deckel mit einem kleinen einfachen Griff versehen, indem Sie einen Peddigrohrfaden zweifach mittig durch den Deckel ziehen und locker umeinander schlingen. Die Fadenenden werden an der Innenseite verknotet.

Der besondere Pfiff an diesem Korb ist eine Schlange aus Seegrasschnur, die Korb und Deckel locker verbindet. Nehmen Sie dazu sechs Stränge Schnur à 120 cm und fassen je drei Fäden mittig mit einem Hilfsfaden zusammen. Es entstehen 2 x 6 Flechtfäden, die zu je einem einfachen Zopf mit drei Strängen geflochten werden. Diese beiden Zöpfe werden mit den gebundenen Anfängen breit nebeneinander gelegt und für den Schlangenkopf zusammengenäht oder geklebt. Die Dicke des Körpers können Sie durch mehr oder weniger starkes Übereinanderlegen der Zöpfe in der Breite variieren und ebenfalls mit Kleber oder Nähgarn fixieren. Zu guter Letzt werden beide Zöpfe für den Schwanz mit einem naturfarbenen Band zusammengebunden. Jetzt kleben Sie noch die Knöpfe als Augen auf den Kopf und fixieren ein kleines Stück Seegrasschnur als gespaltene Zunge. Die Schlange kann nun mit Kleber oder Jutegarn vom Boden beginnend bis zum Deckel führend auf dem Utensilo befestigt werden.

Badutensilo mit Deckel

Badutensilo mit Deckel und Schlangenapplikation. Boden 19 cm Durchmesser; Rand 19 cm Durchmesser; Höhe 25 cm.

Peddigrohr – mit der Natur verflochten

Ovale Schale mit Glasperlen

Das brauchen Sie:
- ca. 3 Stunden Zeit **
- 50 g Peddigrohr 2 mm Ø
- 30 g Stakenmaterial 2,5 mm Ø
- 6 antike Glasperlen ca. 2 cm Ø
- ca. 100 Glasperlen 5 - 7 mm Ø
- Schmuckdraht silber/anthrazit 0,3 mm Ø

So gelingt's:

Für den Boden schneiden Sie vier Staken à 100 cm und acht Staken à 80 cm zu. Fertigen Sie damit einen ovalen Boden an. Nach 2 cm Geflecht sollten Sie die Flechtrichtung wechseln, wenn Sie feststellen, dass sich der Boden verzieht. Arbeiten Sie bis zu einer Größe von 8 x 20 cm.

Für den Aufbau biegen Sie alle Staken etwas nach oben und wechseln wieder die Flechtrichtung. Jetzt folgen ca. 3 cm Zweiergeflecht mit 2 mm dickem Flechtfaden. Setzen Sie nun mittig auf jeder Schmalseite eine zusätzliche Stake mit 30 cm Länge ein. Auf diese Stake und die jeweils übernächste Stake rechts und links der Mitte platzieren Sie die insgesamt sechs großen Glasperlen. Flechten Sie nun drei Reihen im Zweiergeflecht weiter. Die Perlen werden einfach überflochten. Jetzt nehmen Sie ca. 3 m Schmuckdraht und legen ihn halbiert um eine beliebige Stake. Auf beide Drahtenden gleichzeitig werden so viele Perlen gefädelt, wie in eine Lücke zwischen zwei Staken passen (3 – 4 Stück). Jetzt wird ein Drahtende vor und eins hinter der Stake entlang geführt, dann werden wieder auf beide Enden 3 – 4 Perlen gefädelt. Diesen Vorgang wiederholen Sie, bis die Runde geschlossen ist. Nach drei weiteren Runden Zweiergeflecht arbeiten Sie einen Dreierzuschlag.

Ovale Schale mit Glasperlen

Ovale Schale mit antik wirkenden Glasperlen. Boden 8 x 20 cm, Rand 16 x 33 cm, Höhe 5 cm.

Peddigrohr – mit der Natur verflochten

Korb mit Wurzelfuß

Das brauchen Sie:
- ca. 4 Stunden Zeit **
- 70 g Peddigrohr, geräuchert, 2 mm Ø
- 50 g Stakenmaterial, geräuchert 4 mm Ø
- 20 g Peddigrohr, geräuchert, 3 mm Ø
- 1 Holzwurzel (aus dem Aquariumsbedarf)
- Holzbohrer 4,5 mm Ø
- Holzleim

So gelingt's:

Den Boden bildet hier die Wurzel. Sie sollten sich von der jeweiligen Form inspirieren lassen. Im vorliegenden Beispiel habe ich in einem gedachten Oval auf der Oberseite der Wurzel 17 Löcher gebohrt und 17 Staken à 50 cm Länge mit Holzleim eingeklebt. Sie sollten darauf achten, dass Sie den Bohrer schräg ansetzen, sonst stehen alle Staken senkrecht nach oben.

Nun können Sie an den Aufbau gehen: Nach dem Durchtrocknen des Klebers weichen Sie die Staken gut ein und flechten im Zweiergeflecht der Form der Wurzel folgend in sanftem Schwung nach oben. Je nach gewünschter Form sollten Sie Zusatzstaken einsetzen, wenn die Abstände zwischen den Staken zu groß werden. Nach ca. 7 cm Geflechthöhe flechten Sie zwei Reihen Dreiergeflecht. Weiter geht es mit 2 cm Zweiergeflecht mit 2 mm dickem Flechtrohr und weiteren zwei Reihen Dreiergeflecht mit 3 mm dickem Flechtrohr.

Für den Rand arbeiten Sie einen Rollrand.

Korb mit Wurzelfuß

*Korb mit Wurzelfuß.
Höhe 15 cm,
Rand ca. 30 x 33 cm.*

KUNST BEI ENGLISCH

Kreativ sein im Englisch Verlag

Die Bücher rund um die Themen Töpfern und Kunsthandwerk aus dem Englisch Verlag bieten eine Vielzahl an Motiven und Techniken für jeden Geschmack und Kenntnisstand. Ausgewählte Spezialthemen stellen dabei eine Bereicherung für jeden Künstler dar.

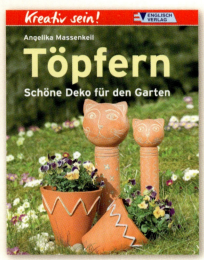

64 Seiten • Broschur
Best.-Nr. 1381

64 Seiten • Broschur
Best.-Nr. 1117

64 Seiten • Broschur
Best.-Nr. 1255

64 Seiten • Broschur
Best.-Nr. 1043

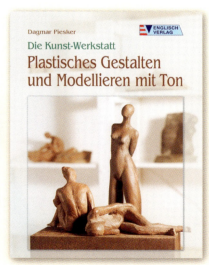

80 Seiten • Flexobroschur
Best.-Nr. 1228

64 Seiten • Broschur
Best.-Nr. 1073

Liebe Leserin, lieber Leser,

Wir senden Ihnen auf Wunsch gerne unseren aktuellen Katalog mit allen Neuerscheinungen zu. Rufen Sie uns einfach an oder schreiben Sie uns. Darüber hinaus finden Sie unser Gesamtprogramm auch im Internet.

Englisch Verlag GmbH • Postfach 2309 • 65013 Wiesbaden • Telefon 0611/9 42 72-0 • Telefax 0611/9 42 72-30
E-Mail info@englisch-verlag.de • Internet http://www.englisch-verlag.de